Sráid Choilm

Fáilte
go Sráid Choilm,
Ionad Athchúrsála

Sráid Choilm

CLÁR

Caibidil a hAon

Tá Sráid Choilm ar an tsráid is measa ar an bhaile mhór. Ar domhan, is dócha. Agus anois tá Bean Mhic Aoidh ag iarraidh orainn sráid atá maith don timpeallacht a dhéanamh di.

"Nach í atá amaideach!"

"Is maith liom Bean Mhic Aoidh," arsa Áine.

"Is maith agus is maith liom féin í. De ghnáth."

Shiúil muid ar aghaidh gan focal asainn. Bean Mhic Aoidh an múinteoir atá againn. De ghnáth, bíonn sí ar dóigh, í lán smaointe nua. Na smaointe is fearr ar domhan. Ach an smaoineamh seo? Amaideach amach is amach.

"Thiocfadh linn crainn a chur," arsa Áine, í dhá choiscéim ar mo chúl agus ag smaoisíl amhail is go raibh slaghdán uirthi.

Rinne mé gáire. "Cad é? Bíodh splanc chéille agat!"

Is í Áine an cara is measa agam. Is maith léi mé is cuma cad é a deirim nó a dhéanaim. Tá sí cosúil le luchóg. Tá gruaig ghairid dhonn uirthi, súile donna aici ach tá sí beag bídeach dá haois.

Níl mise dóighiúil ach oiread. Bíonn mo ghruaig fhionn trína chéile i gcónaí. Ar a laghad is iománaí maith mé.

"Cad é faoi bhláthanna a chur?"

"Is ea. Agus thiocfadh linn an cosán a ní, chomh maith." Ach ab é Áine tá mé cinnte go mbeadh Sorcha Nic Pheadair mar chailín agam. Somhairle agus Sorcha. Sin é. Ach ina áit sin tá Áine agam, í do mo leanúint an t-am ar fad, ag smaoisíl mar a bheadh muc ann. Is dócha nach bhfuil an locht uirthise go bhfuil rud éigin cearr lena srón.

"Fanaigí bomaite."

Stop muid agus thiontaigh. Éamann a bhí ann. Tá cónaí air os cionn an tsiopa ag coirnéal Shráid Choilm. Is lena thuismitheoirí é agus is leo an teach béal dorais fosta.

Ligeann siad an teach ar cíos d'Aonghas de Brún, seanfhear a bhí ina thiománaí traenach nuair a bhí sé óg. Siopa beag dorcha atá ann, ach bíonn na pióga is fearr acu. Tá Éamann sa rang s'againn ar scoil chomh maith. Cuirim suas leis nó bíonn go leor milseán i gcónaí aige.

"Cad é bhur mbarúil?" ar sé, ag teacht a fhad linn. Bhí a aghaidh dearg ó bheith ag rith.

"Faoi cad é?"

"Faoin chomórtas timpeallachta ar scoil?"

"Tá sé amaideach," arsa mise.

Arsa Áine, "Sílim gur smaoineamh maith atá ann."

Maith? Tá níos mó cearr le hÁine ná mar a shíl mé. Thrasnaigh muid an bóthar iarainn ar an bhealach go Sráid Choilm.

"Beidh cruinniú éigeandála den Chlub de dhíth," arsa Éamann de chogar.

"Cad chuige a bhfuil tú ag cogarnach? Níl duine ar bith thart."

Ba mhaith le hÉamann bheith ina bhleachtaire clúiteach lá éigin. Bíonn sé i gcónaí ag teacht aniar aduaidh ar dhaoine, ag dúil le rud éigin amhrasach, ach níor tháinig sé ar a dhath go fóill. Chuir sé cuma rúnda ar a aghaidh agus dúirt, "Tá rud éigin ar eolas agam nach bhfuil ar eolas agaibhse."

Stop muid de bheith ag siúl.

"Má bhaineann sé le Bean de Faoite a bheith ag dúil le leanbh. . ." arsa mise.

Chroith Éamann a cheann. "Ní bhaineann."

"Tá d'uncail, atá ina phíolóta, ag teacht le fanacht libh?" arsa Áine.

"Ní thig leis. Tá sé san Afraic."

Níl mé cinnte faoi uncail Éamainn. Bíonn sé de shíor ag caint air ach ní fhaca duine ar bith riamh é. Dúirt Éamann gur píolóta an-mhaith a bhí ann.

"An ngéilleann sibh?" arsa Éamann.

Chlaon Áine a ceann. Ní maith liomsa géilleadh d'Éamann.

"A Shomhairle?"

"Ceart go leor," arsa mise. Cé a bheadh buartha faoin rud atá ar eolas aigesean? Is dócha nach rud ar bith tábhachtach é cibé. Thosaigh mé a shiúl suas an tsráid.

"Laraí T atá ann," arsa Éamann, i gcogar arís.

Stop mé ar na línte. "Cé?"

"Garmhac Aonghais de Brún," arsa Áine.

D'amharc Éamann uirthi. "Mise atá ag insint an scéil."

"Cad é faoi?" a d'fhiafraigh mé.

"Tá sé ar ais le cónaí le hAonghas. Is. . ." Bhí sos drámatúil ag Éamann agus ansin lean sé leis, "Is D-R-O-C-H-dhuine é."

Baineadh crith asam agus d'amharc mé thart. Shíl mé go raibh súile rúnda ag amharc orm. "Cad é a rinne sé, mar Laraí T?" Bhí mise ag caint i gcogar anois.

"Níl a fhios agam. Go fóill."

D'amharc Áine ar Éamann. "Bíonn sé de shíor ag éalú ón teach?"

Chuir Éamann cár air féin. "Sin agus tuilleadh."

"Cén aois atá sé?" a d'fhiafraigh mise.

"Ceithre bliana déag," a d'fhreagair Éamann go gasta.

Rinne Áine smaoisíl fhada. "Níl sé chomh holc sin bheith ag éalú ón teach."

"Ní hea!" Chroith Éamann a cheann agus d'ísligh sé a ghuth arís. "Dúirt Daid go ndéanann sé rudaí eile. Rudaí uafásacha." Tharraing sé anáil throm agus stán orainn.

"Cén sórt rudaí?"

Lig Éamann a anáil amach agus dúirt, "Ní thig liom a rá anois. Caithfidh mé imeacht. Tá rang fliúite agam."

"Shíl mé go raibh muid in ainm bheith ag socrú

cruinniú."

Amanna cuireann Éamann ar buile mé. Bíonn sé i gcónaí ag iarraidh bheith ina bhleachtaire. Is maith leis rúin a choinneáil aige féin. Is dócha go síleann sé go bhfuil sé cliste ach tá sé amaideach.

Tháinig aoibh an gháire ar Áine. "Ba dheas Sráid Choilm an comórtas timpeallachta a bhaint."

"Ba dheas," arsa mise os ard. I mo chroí istigh bhí malairt smaoinimh agam.

"Déanaigí deifir," arsa Éamann. "Cén t-am a mbeidh an cruinniú againn?" D'ardaigh sé a lámh sa dóigh go dtiocfadh linn a uaireadóir nua a fheiceáil. Faigheann Éamann gach rud is maith leis óna thuismitheoirí. Beag an seans go dtarlóidh sin domsa agus Daid gan phost.

"Ó," arsa Áine. "Tá sé go hálainn."

Lig mé orm féin nár thug mé faoi deara é. Ach bhí sé deacair gan an t-uaireadóir gleoite a fheiceáil agus é os comhair na súl. Bheadh uaireadóir mar sin ar dóigh. Ach, mar a deir Mam, tá an t-airgead gann.

"Cad é faoin lá amárach ar a ceathair?"

Bhí amhras ar Áine. "Seans go mbeidh orm aire a thabhairt do Leona."

"Tabhair leat í," arsa Éamann.

Thug mé súil fhiata air. Cad chuige a ndúirt sé sin? An t-am deireanach ar thug sí Leona léi is beag nár scrios sí an clubtheach. Níl aici ach trí bliana ach tá fuinneamh inti. Chaith muid an t-am ar fad ag iarraidh greim a fháil uirthi.

"An mbeidh sin maith go leor leatsa, a Shomhairle?" a d'fhiafraigh Áine, ag tiontú i mo threo.

Chlaon mé mo cheann. "Beidh." Cad é eile a thiocfadh liom a rá? Ní raibh mé ag iarraidh bheith suarach faoi Leona, cé gur scrios sí an cruinniú deireanach. Bhí muid ag dul a dhéanamh físeáin faoi theach taibhsí agus é a dhíol le comhlacht teilifíse ar na mílte euro. Bhí scéal gleoite scríofa agam. Faoi arracht a sciob beirt pháistí. Iontach scanrúil go deo. Ach níor éirigh le duine ar bith teacht ar fhíscheamara. Fiú Éamann.

"Ceart go leor. A ceathair a chlog, mar sin."

"Agus ná bígí mall," arsa mise.

Stop Éamann taobh amuigh den siopa. Bhí

fógra i lár an dorais a dúirt:

Dúirt mé le hÉamann gurbh fhearr dá mbeadh rím ann. Fiú amháin scríobh mé síos roinnt moltaí dó, "Gach atá uait agat anseo, Bia is deoch, gach rud go beo," ach ba chuma le hÉamann faoi chúrsaí ríme.

I ndiaidh d'Éamann dul isteach ann, shiúil mise agus Áine linn síos an tsráid. Bhí mise ag smaoineamh ar Laraí T. Cén rud chomh holc sin a rinne sé? Níl ceithre bliana déag chomh sean sin. B'fhéidir gur ghoid sé carr? Nó . . ? Chuir mé an smaoineamh sin amach as m'intinn. Ach tháinig sé ar ais. I mórlitreacha.

AR MHARAIGH SÉ DUINE? Tháinig creathán orm. Dúnmharfóir ina chónaí i Sráid

Choilm!

Chuir Áine isteach ar na smaointe fiáine. "Duais mhaith atá ann," ar sí.

"Cad é?" Ní raibh a fhios agam faoin spéir cad é a bhí sí a rá.

"Ba bhreá liom na piongainí a fheiceáil." Lig sí osna agus rinne smaoisíl.

"An ag caint ar an chomórtas atá tú?" Tháinig m'intinn ar ais go dtí an comórtas timpeallachta. "Duais mhaith atá ann, cinnte." Bhí orm a admháil go raibh an ceart aici. Ba bhreá liom na piongainí a fheiceáil ag an zú agus ansin dul a champáil cois trá. "Bheadh sé ar dóigh."

"Ar a laghad," arsa Áine, "níl ach dhá rang ann."

"Ach tá go leor sráideanna ann. Agus an chuid is mó acu, tá bláthanna agus stuif mar sin acu."

"Dúirt Bean Mhic Aoidh go bhfuil níos mó i gceist leis an timpeallacht ná bláthanna."

"Tuigim sin. Ach amharc ar an dumpa seo."

Shiúil muid go mall gan focal asainn, ag amharc ar an tsráid. Bhí na tithe sean agus déanta as adhmad. Bhí an phéint ag imeacht agus bhí siad cosúil le prátaí a raibh leathchuid den chraiceann bainte díobh. Go dtí an lá sin bhí dúil agam i Sráid Choilm. Roimhe sin, shíl mé gur áit mhaith í. Níl mé chomh cinnte fúithi anois.

Stop Áine taobh amuigh dá teach. "Smaoineoidh tú ar rud éigin, a Shomhairle. Tá mé cinnte de sin." Rinne sí gáire liom. Ansin chuaigh sí isteach.

An dtuigeann tú anois an rud a bhí i gceist agam le hÁine? Ní thig léi bheith gan mé. Síleann sí go mbíonn na freagraí agam.

Shiúil mé suas an tsráid, gan fios agam cad é a bhí le déanamh agam. Cén dóigh a dtiocfadh liom teacht ar smaoineamh agus Clós Seancharranna de Búrca mar leathchuid den tsráid?

Caibidil
a Dó

Dúirt Mamaí liom go raibh Sráid Choilm maith go leor i bhfad ó shin. Blianta ó shin, sular thóg siad na siopaí ag an taobh eile den bhaile. Anois is monarchana agus trádstórais is mó atá sa taobh seo den bhaile.

Ar choirnéal Shráid Choilm tá an siopa ina bhfuil Éamann ina chónaí. Taobh leis an siopa tá caolsráid. Ansin atá teach Aonghais de Brún. Taobh leis sin tá teach Áine. Ansin, tá garáiste atá ag titim as a chéile. An rud deireanach, an teach s'againne - teach dhá urlár atá ann. Tá sé ar cíos ag Mamaí agus Daidí. Ní fhaca mé riamh an duine ar leis é. Idir muidne agus an clós seancharranna tá paiste cnapánach féir. Bhí cúpla teach ann fadó agus leagadh ó shin iad. Tá sé fiáin le lustan ach thig liom an iomáint a chleachtadh ann. Ar chúl na sráide tá an seanstáisiún traenach. Níor úsáideadh é le blianta.

Agus mise ag siúl na sráide, bhuail smaoineamh mé. Samhlaigh Sráid Choilm a chur chun cinn mar an áit is measa don timpeallacht ar domhan! Muise, bheadh sé sin difriúil, nach mbeadh?

Faoin am ar bhuail mé isteach sa chistin, bhí mo chloigeann lán de phictiúir de dhaoine ag iarraidh amharc ar Shráid Choilm.

Bhí Mamaí ina suí ag an tábla. "Bhuel, a thaisce." Chuir sí rud éigin faoi na nuachtáin. Ticéad crannchuir náisiúnta, is dócha. *Scríob fortún – Milliún le baint.* An fhadhb a bhí ann, bhí Mamaí ag caitheamh fortúin ag ceannach na dticéad.

"Is é do bheatha," arsa mise, ag ligean orm nár thug mé a dhath faoi deara.

Bhain sí rud uair amháin nuair a tháinig na ticéid amach an chéad lá. Sílim gur £20 a bhí ann. Ach ó shin, a dhath ar bith.

"Cad é mar a bhí an scoil?" a d'fhiafraigh sí gan smaoineamh.

"Ceart go leor." Chaith mé uaim an mála scoile.

"A Shomhairle, ná fág ansin é." Thóg Mamaí leathanach agus chuir sí sa sean-chlóscríobhán é. Cuidíonn sí le hAnraí de Búrca a chuntais a chur le chéile. Is leisean an clós seancharranna. Fear an-saibhir atá ann ach tá sé sprionlaithe chomh maith. Is beag a íocann sé le Mamaí as a cuidiú.

"An bhfuil a dhath le hithe?" a d'fhiafraigh mé ag amharc isteach sa chuisneoir. Mar is gnách níl fágtha ach cuid de bhéile am lóin.

Ag an phointe sin mhúscail Sinséar, an cat. Rinne sí méanfach agus shín sí í féin. Cat iontach gruagach í, oráiste agus bán. Tháinig mé uirthi dhá bhliain ó shin. D'fhág duine éigin í ag an stáisiún traenach.

"Rinne mé muifíní. Chuir mé sa chófra iad."

D'oscail mé an cófra agus thóg mé amach beirt. Chuir mé im agus subh orthu agus ansin sháigh mé na fiacla i gceann amháin acu. "Mmm. Tá an comórtas seo againn," arsa mise sular thosaigh mé ar an dara muifín. Ligh mé an tsubh de mo mhéara.

"Sin spéisiúil," ar sise. Plimp, beaing, plimp an tormán ó na heochracha ar chlóscríobhán Mhamaí. "Cad é atá ann?" Plimp, plimp, beaing.

"An tsráid is fearr don timpeallacht." Shlog mé siar an chuid dheireanach den mhuifín. "Faoin tseachtain seo chugainn."

D'amharc Mamaí aníos ón chlóscríobhán. "Cad é? Sráid Choilm!"

"Ba mhaith le Bean Mhic Aoidh gach duine páirt a ghlacadh."

"Á, bhuel … "

Thóg mé mo mhála. "Tá sé amaideach."

Chuaigh mé go dtí mo sheomra, chaith mé mo mhála ar leataobh agus luigh mé ar an leaba. Smaoinigh mé ar shráid Shorcha Nic Pheadair. Crainn agus féar agus rudaí néata. Uair amháin, blianta fada ó shin, chuaigh mé chuig teach s'aici do chóisir lá breithe. Sílim gur de thaisme a fuair mé cuireadh.

Buachaill óg a bhí ionam ag an am. Bhí sé cosúil le dul ar phláinéad eile. Is cuimhin liom go raibh císte lá breithe mór bándearg ann a cheannaigh a máthair i siopa. Agus na céadta bronntanas. Dochreidte. Is í mo Mhamaí a dhéanann mo chíste lá breithe. Agus amanna, mo bhronntanais, chomh maith.

D'éirigh mé agus shiúil mé go dtí an fhuinneog. Bhí an seomra plúchtach te. D'oscail mé an fhuinneog agus d'amharc mé ar an phaiste féir agus ansin trasna na ráillí go dtí an stáisiún traenach. Lig mé osna. Thar rud ar bith bhí mé ag iarraidh na piongainí a fheiceáil. Dá … chroith mé mo cheann. Ní fiú é. Níl maith ar bith i Sráid Choilm.

Bhí an ghrian ag soilsiú ar ardán an tseanstáisiúin. Ansin chonaic mé bogadh. Scáil fhada thanaí agus í dorcha. Chrom mé síos. Bhí mo chroí ag preabadh. Abair gur sin Laraí T agus é ag smaoineamh go bhfuil mise ag déanamh spiaireachta air! Ansin, go mall, thóg mé mo cheann agus d'amharc mé amach arís. Ach bhí an scáil ar shiúl.

Caibidil
a Trí

"Stad anois, a Leona."

Bhí Leona ag preabadh liathróid bheag rubair thart ar an chlubtheach. Bhí an tormán ag cur isteach orm go mór. Bhí mé ag iarraidh an cruinniú a eagrú. Agus bhí Éamann mall, mar is gnách.

Tá an clubtheach i gclós de Búrca. I gcoirnéal amháin tá carn seancharranna. Síleann sé go ndíolfaidh sé iad lá éigin. Ní dóigh liom é.

"Bhí ar Mhamaí dul a obair. Ní raibh neart agam air," arsa Áine, ag caint ar Leona. Is minic a ghlaoitear a máthair isteach chuig an phictiúrlann.

"Cén scannán atá ann?" a d'fhiafraigh mé.

"Rud éigin faoi ispín."

"Cad é?"

Chuir Áine cuach aisti. "Sin an méid a chuala mé, cibé."

Chroith mé mo cheann. "Tá sin aisteach," arsa mé. Phreab an liathróid i mo threo. Sciob mé í. Ach thosaigh Leona a chaoineadh go tréan.

"A Shomhairle!" arsa Áine ag tabhairt briosca di. "Níl sí ach ag pleidhcíocht."

"Shíl mé gur clubtheach rúnda ag club rúnda é seo!" a scairt mé. Mhothaigh mé dubh dóite. Scríob Mamaí seacht scríobchárta inniu. Bhí siad i bhfolach sa bhosca bruscair. A dhath. Síleann sí nach bhfuil a fhios ag duine ar bith. B'fhearr liom í stopadh.

D'alp Leona an briosca. Ansin lig sí scairt eile amach.

"Tabhair an liathróid ar ais di," a d'ordaigh Áine.

"Ceart go leor." Thug mé ar ais di í. "Ach bí ciúin léi as seo amach." Rinne mé iarracht aghaidh scáfar a dhéanamh.

Rinne Leona gáire.

Chuir mé pus orm féin. "Cá bhfuil Éamann? Tá sé ag éirí mall."

Tá sean-otharcharr againn mar chlubtheach. Níl roth ná a dhath air ach tá spás mór ar chúl.

Ní dhruideann na doirse rómhaith ach tá sin ceart go leor. Tá ceithre cheannadhairt agus blaincéad againn ann; cúig leabhar puzal; léarscáil na hIndia; roinnt páipéir; dhá pheann luaidhe; naoi gcoinneal leathdhóite (ó chíste lá breithe Áine); sreang; agus go leor pacaí brioscaí nach féidir a dhíol i siopa. Éamann a thug iad sin. Cheannaigh a thuismitheoirí bosca iomlán. Seacláid agus cnó cócó ba chóir a bheith ann ach rinne duine éigin sa mhonarcha dearmad den chnó cócó.

Thóg mé píosa de pháipéar agus scríobh: 'An Dóigh le Sráid Choilm a Dhéanamh Maith don Timpeallacht.'

Peann luaidhe glas a bhí agam. Chuideodh sé sin leis an téama glas.

Ansin scríobh mé 'A hAon' agus chuir mé ciorcal glas thart air. Bhí mé ar tí 'A Dó' a scríobh nuair a chuala muid trí chnag ar an doras. Tost. Ansin beirt eile. Tost. Ansin ceann amháin eile.

Sin cód rúnda Éamainn. Eisean an t-aon duine a úsáideann é. Síleann sé gurb é sin nós na mbleachtairí. Chuir sé a cheann isteach ar an doras. "Tá rud éigin agam le taispeáint daoibh," ar sé. Ach sula raibh sé ábalta a dhath eile a rá d'oscail duine éigin eile an doras. Mhothaigh an bhearna fuar, cosúil le fiacail a chailleann tú.

Bhí cuma amaideach ar Éamann. Ar a chúl bhí stócach ard tanaí le gruaig ghairid dhubh agus súile chomh dubh le gual. Bhí jíons air, T-léine agus casóg dhubh.

Tháinig creathán orm. Bhí a fhios agam cé a bhí ann sular labhair sé. Laraí T, an drochdhuine.

Tá an chéad chuid eile den scéal measctha i m'intinn. Bhrúigh Laraí T Éamann ar leataobh. Fuair sé greim ar an doras eile agus d'oscail sé é de phlab. Bhuail sé chomh crua é gur imigh an barr óna inse.

Ansin, bhí an doras ar crochadh ón inse ag an bhun.

"Hé!" a scairt mé, ag caitheamh an pháipéir uaim. Bhí mé ar buile. A leithéid de dhalbacht! "Hé!" Níor tháinig focal ar bith eile ó mo bhéal. D'éirigh mé go gasta. "Ó," arsa mise. Bhí codladh grifín ar mo chosa. Thit mé síos arís.

Léim Laraí T isteach sa veain. Landáil sé ar na glúine. Tá sé chomh lúfar le cat. "Cad é? An ag caint liomsa a bhí tú?"

"Hé," arsa mise i nguth lag. "Nach bhfaca mé thú áit éigin roimhe?"

Rinne Laraí T gáire mór.

Ag an bhomaite sin, chaith Leona an liathróid rubair i gcoinne an bhalla go crua. Bhuail sí i gcoinne an bhalla agus an urláir. Ansin léim sí isteach i mbéal mór Laraí T. Bhí an liathróid greamaithe ina scornach.

Sin nuair a thuig mé go raibh muid i dtrioblóid.

Bhí dath gorm ag teacht ar aghaidh Laraí T. Bhí an chuma air go raibh na súile ag dul a phopáil amach. Bhí a aghaidh cosúil le fear mire.

Rinne sé iarracht greim a fháil orm ach thit sé siar agus bhuail sé a cheann.

Léim mé aníos agus lig mé scread asam. Rinne mé dearmad ar an chodladh grifín. "Á!" Bhí pian i mo chosa. Dá bhfaigheadh Laraí T bás seans maith go rachadh muidne go príosún. Dá mairfeadh sé seans go maródh sé muid.

Cibé. Bhuail mé ar an droim é, go crua. Fuap. Fuap. Rud ar bith ag tarlú. Bhuail mé é níos crua.

FUAP. Gliog beag. Níos crua arís. FUUAAAP.

Léim an liathróid amach as a bhéal. Bhí sé ag casachtach. Thosaigh mé a ghuí.

Thóg Laraí T a cheann. Bhí an dath uafásach ag imeacht óna aghaidh agus bhí na súile ar ais mar a bhí. "Hé," ar sé.

"De thaisme a rinne Leona é," arsa Áine ag tógáil na liathróide.

Thosaigh Leona a chaoineadh.

Tháinig Éamann isteach sa veain. Bhí a aghaidh bán le heagla.

"Hé, a bhuachaill," arsa Laraí T. Dhírigh sé méar chnámhach i mo threo.

"Slán agaibh," arsa Éamann. Bhí guth aisteach aige. "Caithfidh mé an fhliúit a chleachtadh." Agus d'imigh sé leis.

Bhí mé féin ag iarraidh éalú agus dul abhaile. A leithéid de chara cróga! Agus é ag iarraidh bheith ina bhleachtaire. Ach bhí Laraí T ina luí ag an doras go fóill.

"An bhfuil an cruinniú ar ceal, mar sin?" arsa Áine, i gcogar go fóill. Thug sí cúpla briosca do Leona a bhí ag caoineadh.

Chlaon mé mo cheann. "Tá. Go dtí amárach." An comórtas an rud ba lú a bhí ar m'intinn ag an am.

Rug Laraí T greim ar mo lámh. "Mh'anam, tharrtháil tú mé!" Go mall, d'éirigh sé, mo lámh ina ghlac aige go fóill.

"Ní rud mór a bhí ann," arsa mise. Bhí mé buartha faoi mo mhéara nó bhí Laraí T á bhfáscadh.

"Ní dhearna duine ar bith a leithéid dom riamh. Riamh." Chroith sé mo lámh agus lig sé di.

Tháinig aoibh orm. "Tá sé ceart go leor. I ndáiríre. Níl a bhuíochas ort."

Stop Laraí T. "Ná habair liomsa nach bhfuil buíochas de dhíth." Bhí a anáil ag séideadh i m'aghaidh.

Chúlaigh mé.

Chlaon Áine a ceann. "Anuraidh, ba é

Somhairle a stop beach ag cur cealg ionam."

"Ná bí amaideach, a Áine," arsa mise. "Níl sé ag iarraidh é sin a chluinstin." Fág fúithi rud mar sin a thabhairt chun cuimhne anois. "Níor rud ar bith tábhachtach é."

"Rud tábhachtach a bhí ann, cinnte."

Chuir Laraí T deireadh leis an argóint. "Is tú a choinnigh beo mé." Thiontaigh sé ansin agus amach leis síos an tsráid a bhí anois dorcha.

Caibidil a Ceathair

Nuair a bhain mise an teach amach bhí Mamaí ina suí sa seomra bia, ag cniotáil. "Chuir Daid scairt," ar sí.

Bhí Daid ag obair san iarthar, ar fheirm phrátaí m'uncail. Is fuath leis é. An t-am deireanach ar labhair mé leis, dúirt sé nár mhaith leis práta eile a fheiceáil choíche. Chronaigh mé é.

Ba ghnách leis obair san ospidéal, ag deisiú na leapacha agus na gcathaoireacha rothaí. Ach anuraidh tugadh bata agus bóthar dó. Ó shin i leith ní bhfuair sé post buan.

"Cad é a dúirt sé?" a d'fhiafraigh mise.

"Dúirt sé gur bhreá leis bheith sa bhaile."

Shuigh mise agus Mamaí ansin inár dtost, ag smaoineamh. D'éirigh Sinséar, léim sí anuas ón tolg agus tháinig sí chugam. Bhí sí ag iarraidh orm í a thógáil. "Agus cronaímse é fosta." Lean Mamaí ag cniotáil gan focal aisti.

D'amharc mé ar an rud glas a bhí sí a dhéanamh ag súil go mór nach domsa a bhí sé. Níl Mamaí maith ag an chniotáil. Ní úsáideann sí patrún, cumann sí féin é. Uair amháin rinne sí geansaí rómhór dom. Dúirt Mamaí go gcoinneodh sé te mé.

Ba ghnách liom é a bhaint díom agus a chur i bhfolach sa gharáiste agus a chur ar ais orm nuair a tháinig mé abhaile. D'oibrigh sé go dtí

go bhfaca Éamann amaideach mé. Bhí sé ar mhisean éigin. Gheall sé gan a insint do dhuine ar bith dá ndéanfainn a chuid obair bhaile ar feadh seachtaine.

"Cad é atá tú a dhéanamh?" a d'fhiafraigh mise.

"Níl a fhios agam go fóill." Tharraing sí ar an olann in aice léi.

"Tá an chuma ar an olann sin gur úsáideadh roimhe í," arsa mise.

"Olann athchúrsáilte atá ann," arsa Mamaí agus í ag gáire. "Tá bosca lán di i Siopa Uí Mhurchú."

Beidh sí ag cniotáil go deo, dar liom.

Bhí an lá seo ag dul in olcas. An comórtas timpeallachta ar dtús. Agus ansin Laraí T ag fáil bháis, beagnach. Agus anois, Mamaí, le leath an tí lán le holann úsáidte agus tá sí ag dul a húsáid. Iuc!

An oíche sin bhí stoirm thoirní ann. Bhí brionglóid aisteach agam agus ansin mhúscail mé.

Sa bhrionglóid bhí Laraí T ina shuí sa chlós seancharranna. Bhí nathair oráiste á cniotáil aige. Bhí Éamann ag dul thart go slítheánta, ag glacadh grianghraf mar fhianaise. Bhí Áine agus mé féin inár seasamh ar dhíon tí, ag ceol. Go tobann, thosaigh an teach a chrith.

"Fan mar a bhfuil tú," a scairt mé le hÁine.

Rug sí greim ar mo sciathán. Bhí a súile cosúil le liathróidí rubair.

BÚM … BÚM … BÚM …

D'amharc mé síos. Anois bhí Sráid Choilm ar fad ag bogadh agus ar tí titim.

"An tsráid," a scairt mise. "Caithfidh mé an tsráid a shábháil. Mura sábhálaim í, déanfar í a athchúrsáil. Agus ní bheidh a fhios ag Daid cá háit a bhfuilimid."

Ansin mhúscail mé. Bhí an toirneach mar a bheadh drumaí móra ann, á mbualadh os mo chionn agus shíl mé go raibh mo sheomra mar a bheadh bád amuigh ar an fharraige gharbh ann. Go tobann, d'oscail mo mháthair an doras agus tháinig sí isteach. "An bhfuil tú ceart go leor?" Bhí a cuid gruaige cosúil le nead éin agus bhí sí idir a codladh is a múscailt. "Bhí tú ag scairteadh."

D'éirigh mé aniar. Bhí an seomra iontach te. "Caithfidh gur ag brionglóideach a bhí mé."

Bhí plimp thoirní eile ann. Chroith an seomra

agus chuir mé na lámha thar na cluasa.

"Ar mhaith leat seacláid the?"

Chroith mé mo cheann.

"An bhfuil tú cinnte?"

Chlaon mé mo cheann agus rinne méanfach. Luigh mé siar sa leaba. Dhruid Mamaí an doras ina diaidh.

De réir a chéile, bhog an stoirm ar aghaidh. Agus mise ag titim i mo chodladh tháinig smaoineamh aisteach chun cuimhne.

Sráid Choilm a athchúrsáil. Go hamaideach. Cén dóigh a dtiocfadh linn sráid iomlán a athchúrsáil. Amaideach!

Ar maidin, ní raibh fonn orm éirí. An oíche ar fad bhí mé idir bhrionglóid agus mhúscailt.

"A Shomhairle," a scairt Mamaí ó bhun an staighre. "An bhfuil tú i do shuí?"

"Ag teacht." Chuir mé mo chuid éadaigh orm agus síos liom go dtí an chistin.

"Fuair mé seo faoi bhun an dorais chúil," arsa Mamaí, ag tabhairt píosa de pháipéar dom chomh maith le dhá phíosa tósta.

Nóta ó Éamann a bhí ann:

Bhrúigh mé an nóta isteach i mo phóca. Ghlac mé leis gurbh é Laraí T a bhí i gceist. Rinne Éamann dearmad a rá cá háit a raibh mé le bualadh leis. Ag a theach, is dócha. Bhí sé chóir a bheith leath i ndiaidh a hocht! D'alp mé slisín tósta, thóg mé mo mhála agus amach liom.

"Hé!" a scairt Mamaí.

Stop mé.

"Cad é faoi do lón?"

Chuir mé cár gáire orm féin. "Go raibh maith agat."

A Shomhairle,
Rud tábhachtach le
rá agam faoi LT.
Buail liom ar 8.30
É

"Caithfidh mé imeacht. Slán go fóill."

Dhruid mé an doras tosaigh i mo dhiaidh agus amach liom de rith. Bhí imní orm faoin eolas a bhí ag Éamann.

Bhí Éamann ag fanacht liom taobh amuigh den siopa. Bhuail sé cnag ar a uaireadóir nua. "Tá tú trí bhomaite is dhá shoicind mall."

"Cad é an rud tábhachtach seo?"

"Éist!" D'amharc Éamann suas síos an tsráid. "Os íseal, le do thoil."

Thosaigh muid a shiúl. Bhí an ghrian ag soilsiú. Inniu an Aoine agus gach tráthnóna Aoine léann Bean Mhic Aoidh scéal eachtraíochta dúinn. An chéad rud eile bhí Éamann ag cogarnach i mo chluas.

"Bhí baint aige le robáil bainc."

Bhí mo chroí i mo bhéal. Bhí mé trína chéile. Laraí T i robáil bainc? Robálaí bainc le masc agus gunna?

Tháinig tinneas orm. "Cad é mar atá a fhios agat?"

"Chuala mé Daid agus Aonghas ag caint aréir."

Sula raibh Éamann ábalta a dhath eile a rá bhí Áine ag rith inár dtreo. "Fan liom, a Shomhairle."

Chuir Éamann cár air féin. "Tá an-dúil aici ionatsa."

"Imigh leat."

"Is maith an rud nach bhfuil dúil aici ionamsa," arsa Éamann. "Caithfidh bleachtaire bheith cúramach faoi na rudaí sin."

Nuair a tháinig Áine chugainn, ar sise, "Ar mhaith leat an smaoineamh atá agam don chomórtas a chluinstin?"

Chlaon mé mo cheann gan mórán airde a thabhairt uirthi. Bhí mé ag smaoineamh ar Laraí T.

"Cad é faoi fheirm chuiteog?"

Stop muid láithreach bonn.

Lean Áine léi. "Bíonn cuiteoga iontach maith don timpeallacht."

Stop sí agus d'amharc sí orainn. "Dúirt Bean Mhic Aoidh linn. Nach cuimhin libh? An dóigh a n-athraíonn siad gach rud ina ithir."

Is dócha go raibh an ceart ag Áine. Caithfidh nach raibh mé ag éisteacht ag an am. "Ach cén bhaint atá ag na cuiteoga le Sráid Choilm?" a d'fhiafraigh mise.

"An bhfuil tarracóirí acu?" arsa Éamann i modh grinn.

D'imigh an aoibh a bhí ar aghaidh Áine.

"Shíl mé go mbeadh siad úsáideach sa chomórtas timpeallachta."

Thosaigh mé a gháire. I m'intinn. Chonaic mé na céadta cuiteog ag dul suas síos Sráid Choilm, agus iad ag cuidiú leis an timpeallacht. Iad i bparáid mhór agus daoine ar an tsráid le hiad a fheiceáil.

D'amharc Áine orm. Bhí na deora léi. Ansin scairt sí, "Is fuath liom thú, a Shomhairle Mhic Sheáin." Rith sí léi, ar nós na gaoithe, thar an iarnród agus chomh fada agus is féidir ar shiúl uaimse agus ó Éamann.

Caibidil
a Cúig

Bhí Bean Mhic Aoidh beagnach críochnaithe leis an scéal eachtraíochta nuair a bhuail smaoineamh mé maidir leis an chomórtas timpeallachta. I bhfaiteadh na súl, thuig mé go raibh an ceart ag Áine. Cuiteoga an freagra. Thiocfadh le Sráid Choilm bheith ina dumpa amach is amach ach cén difear?

Thosaigh m'intinn a obair mar a bheadh ríomhaire ann. Sráid Choilm ar an scáileán. Chuir mé tuilleadh eolais isteach. Dúirt Bean Mhic Aoidh go bhfuil níos mó i gceist leis an timpeallacht ná féar glas agus bláthanna, mar shampla. Ansin, chuir mé isteach na cuiteoga. Agus seancharranna Aonghais de Búrca. Sa deireadh, bhrúigh mé cnaipe an ríomhaire i m'intinn agus d'fhan mé ar an fhreagra … D'imigh an scáileán, agus ansin …

SPLANC MHÓR GHORM.

Is féidir le Sráid Choilm rudaí eile atá maith don timpeallacht a thaispeáint, chomh maith. Mo mháthair ag úsáid olann athchúrsáilte, ithir déanta ó bhruscar ag cuiteoga Áine, fiú seancharranna Aonghais de Búrca. Is ea! Go tobann shíl mé go mbeinn ag feiceáil na bpiongainí.

"A Shomhairle," arsa Bean Mhic Aoidh, ag cur isteach ar mo smaointe. "Tá mé i ndiaidh ceist a chur ort."

D'imigh m'aisling. Chonaic mé an leabhar eachtraíochta ina luí druidte ar a deasc. Caithfidh gur chríochnaigh sí an scéal agus níor thug mé faoi deara é. Bhí an chuid eile den rang ag stánadh orm.

"Mo leithscéal," arsa mise.

"An cheist a bhí agam," arsa Bean Mhic Aoidh go foighdeach, "ar smaoinigh tú ar théama do do shráid? Don chomórtas?"

"Smaoinigh," arsa mise ag tiontú thart chuig Éamann agus Áine.

"Athchúrsáil."

Ag sos na maidine, rith Áine a fhad liom.

"Bhí mé cinnte go smaoineofá faoi rud éigin, a Shomhairle," ar sise, agus dearmad déanta aici don bhomaite go raibh fuath aici dom.

"Ní mise a bhí ann," arsa mise. "Smaoineamh s'agatsa faoi chuiteoga ba chúis leis."

Chaoch Áine na súile. "Ach ba leatsa an plean faoin athchúrsáil."

Shleamhnaigh Éamann a fhad linn agus leag sé a mhéar ar mo dhroim.

Léim mé thart. "Ná déan sin," a scairt mé. Bhí mé bréan d'Éamann ag cleachtadh a chuid teicnící spiaireachta.

Bhí aoibh ar Éamann. "Go breá, nach bhfuil?"

"Níl. Tá sé amaideach."

Go díreach ansin, shiúil Sorcha Nic Pheadair agus a cuid cairde tharainn.

"Ba chóir Sráid Choilm a athchúrsáil," ar sí go hard. Bhí na cailíní eile ag gáire.

"B'fhearr í a dhumpáil."

"Bígí 'bhur dtost," arsa mise. Den chéad uair riamh ní raibh dúil agam i Sorcha. "Fanaigí go bhfeicfidh sibh."

"Cad a fheicfimid?" arsa Sorcha ionann is gur

mhothaigh sí boladh bréan. "Sráid Choilm ag titim as a chéile?"

Bhí fearg orm faoin am seo. Ansin dúirt mé, gan smaoineamh, "Tá Sráid Choilm ag dul a bhaint."

"Cad é?"

"Agus is é m'athair an taoiseach!" arsa cailín beag. D'imigh an triúr acu sna tríthi gáire.

"Cad chuige a ndúirt tú go raibh muid ag dul a bhaint?" arsa Éamann. "Beidh cuma amaideach orainn nuair nach mbainfidh."

Arsa Áine, "Má deir Somhairle go bhfuilimid ag dul a bhaint, bainfimid."

I ndiaidh na scoile bhí orm dul go dtí an gruagaire. Dúirt Mamaí go bhfanfadh sí liom taobh amuigh de gheataí na scoile. Ach ní raibh seans ar bith ann go bhfeicfeadh na páistí eile mise agus mo mháthair ag dul chuig an ghruagaire. Mar sin, nuair a bhí mé ag fanacht le Sorcha agus a cuid cairde imeacht chuaigh mé go dtí an leabharlann.

Bhí amhras ar an leabharlannaí, Bean Mhic an Bheatha, nuair a chonaic sí mé ag amharc amach ar an fhuinneog in ionad bheith ag amharc ar leabhair.

"A Shomhairle, an bhfuil leabhar de dhíth ort nó nach bhfuil?"

Chonaic mé Sorcha agus a cuid cairde ag siúl i dtreo na leabharlainne. Chúlaigh mé ón fhuinneog. "Ba mhaith liom cúpla leabhar a fháil ar athchúrsáil," arsa mise agus mé ag guí nach dtiocfadh siad isteach.

Lean mé Bean Mhic an Bheatha go dtí an coirnéal. Agus mise ag guí liom nach n-osclódh siad an doras. Ach níor oscail.

"Seo duit," arsa Bean Mhic an Bheatha. Tháinig aoibh an gháire uirthi.

Tá Bean Mhic an Bheatha go deas. Tá súile deasa aici agus na fabhraí is faide dá bhfaca mé riamh. Thóg sí amach leabhar tanaí. "Faoi choinne tionscadail?"

Chlaon mé mo cheann.

"Cad é faoin cheann seo ar pháipéar athchúrsáilte?"

"Go breá." Níor smaoinigh mé ar pháipéar.

Agus is dócha go raibh na céadta rud eile thart a thiocfadh a athchúrsáil. Cuirfidh mise in iúl do Shorcha Nic Pheadair cé acu sráid is fearr.

Faoin am ar fhág mé an leabharlann, bhí moll mór leabhar agam. Chonaic mé Mamaí ag fanacht liom agus í ag amharc thart go himníoch.

"A Shomhairle, bhí mé ag éirí buartha." D'amharc sí ar an charn mhór leabhar. "Bhuel, ní gá ceist a chur cá háit a raibh tusa."

"Cuideoidh siad liom smaointe a fháil don chomórtas timpeallachta."

Ar an bhealach chuig an ghruagaire d'inis mé do Mhamaí faoi mo phlean do Shráid Choilm.

Rinne sí gáire. "Smaoineamh maith," ar sí. "Is trua nach bhfuil Daidí ann. Ba bhreá leis cuidiú leat."

Ag trasnú na sráide dúinn, arsa Mamaí, "Is beag nach ndearna mé dearmad. Tháinig duine chuig an teach do do chuardach."

"Mise. Cé?" a d'fhiafraigh mé.

"Garmhac Aonghais de Brún."

Caibidil
a Sé

Ar an bhealach abhaile ón ghruagaire, dúirt mé le Mamaí go raibh orm bualadh le hÉamann.

"Ná bí i bhfad," ar sise, ag glacadh na leabhar uaim. "Beidh mé ag déanamh réidh dinnéir ar ball."

Chuaigh mé caol díreach chuig an siopa. Bhí mé ag dul a thabhairt a chéad chás bleachtaireachta d'Éamann. Bhí Éamann ag dul a bheith ina gharda cosanta agam a fhad a bhí Laraí T i Sráid Choilm.

Nuair a chuaigh mé isteach sa siopa, bhí athair Éamainn ag baint taca as an chuntar. Ag léamh an nuachtáin a bhí sé. D'amharc sé orm. "Bhuel, a Shomhairle?"

"An bhfuil Éamann istigh?" a d'fhiafraigh mé. Tá an tUasal Mac Ránaill ceart go leor. Deir

Mamaí go bhfuil sé falsa ach eisean a choinníonn an siopa ag dul. Bíonn sé deas liomsa. Thug sé cúpla milseán ón tseilf dom.

Ag an bhomaite sin tháinig scréach ó bharr an staighre amhail is go raibh duine á mharú.

"Thuas ansin atá sé," arsa an tUasal Mac Ránaill ag amharc suas staighre. "Tá sé ag marú na fliúite agus ag cur isteach ar mo chluasa."

Rinne mé gáire, chuaigh mé tríd chúl an tsiopa agus suas an staighre liom. Ní raibh Bean Mhic Ránaill le feiceáil. Bhuail mé cnag ar dhoras Éamainn agus isteach liom.

Nuair a chonaic Éamann mé chaith sé uaidh an fhliúit. "Cad chuige nár lig Mamaí dom an giotár a fhoghlaim?" ar sé agus a aghaidh ag deargadh.

"Tá post agam duit," arsa mise.

"Dáiríre?" Ansin d'amharc sé orm go hamhrasach. "Cé dó?"

"Domsa."

"Duitse? Cad chuige?"

"Garda cosanta atá de dhíth orm."

Níor chuir Éamann ceist ar bith agus ní dhearna sé gáire. Chlaon sé a cheann agus shiúil thart an seomra agus cuma thábhachtach air. "Ná hamharc," a d'ordaigh sé.

Thiontaigh mé uaidh. Ach sa scáthán thiocfadh liom gach rud a fheiceáil. Éamann ag fáil eochair bheag ó chúl an chófra. D'oscail sé tarraiceán. "An dtig liom amharc anois?" arsa mise, ag ligean orm nach bhfaca mé a dhath.

"Fan soicind."

Tharraing sé amach leabhar nótaí agus dhruid sé an tarraiceán go ciúin. "Thig leat tiontú thart anois." Shuigh sé ar an leaba agus shuigh mé in aice leis.

Scríobh Éamann rud sa leabhar nótaí: C/1: G.C. – S.M.S.

"Cad é is ciall leis sin?" arsa mise, ag amharc thar a ghualainn.

"Ní thig liom a rá leat. Cód rúnda don chás."

Ar a laghad tá sé níos fearr aige seo ná ag an fhliúit.

"Ceart go leor," arsa Éamann. "Cad chuige a bhfuil garda cosanta de dhíth ort?" Bhí an peann réidh le scríobh.

"Le mise a chosaint. Cad é eile?"

Thug sé neamhaird orm. "Cad chuige?" a
d'fhiafraigh sé go dian.

Dúirt mé leis faoi Laraí T do m'iarraidh ag mo
theach.

An bomaite a luaigh mé Laraí T tháinig
creathán ar Éamann. D'éirigh a aghaidh teann

ionann is gur ag ithe líomóide a bhí sé. "Cad é a bhí de dhíth air?"

"Níl a fhios agam," arsa mise. "Ar mhaith leat an post nó nár mhaith?"

Tháinig creathán eile ar Éamann agus d'amharc sé thart ar an seomra. "Beidh costas mór air."

"Cá mhéad?" Níor smaoinigh mé ar íocaíocht. Shíl mé go mbeadh Éamann sásta an jab a dhéanamh.

"Cúig euro sa tseachtain."

Chroith mé mo cheann. Thuig mé a bhí ar bun ag Éamann. Cuirfidh sé praghas ard air sa dóigh nach nglacfaidh mé leis. Ansin ní bheidh cuma an chladhaire airsean. "Bíodh ciall agat. Trí euro."

Chroith Éamann a cheann agus bhí aoibh shásta ar a aghaidh. "Cúig euro sa tseachtain nó ní dhéanfaidh mé é. Airgead contúirte, an dtuigeann tú, beidh mise i mbaol."

"Ceart go leor," arsa mise. "Cúig euro sa tseachtain." Ní raibh barúil faoin spéir agam cá háit a bhfaighinn an t-airgead. B'fhéidir go mbainfeadh Mamaí airgead ar na scríobchártaí. Ach bhí orm aontú leis. Níor mhaith liom Laraí

T breith orm agus mé i m'aonar. "Má fhanaim beo íocfaidh mé thú," arsa mise le hÉamann. "Má fhaighim bás beidh sé agat orm."

Dúirt Éamann rud éigin i monabhar leis féin agus scríobh sé cúpla rud sa leabhar nótaí. Ansin, thug sé an peann domsa. "Sínigh é," a d'ordaigh sé agus dhírigh sé ar líne phoncanna.

Shínigh mé m'ainm.

Somhairle Mac Seáin

Sheas mé. "Ceart go leor, thig leat bheith mar gharda dom ar mo bhealach abhaile."

"Cad é? Anois?"

"Is ea," a d'fhreagair mé. "Bíonn bleachtairí ag obair de lá is d'oíche."

"Ach cad é faoin chleachtadh fliúite?" arsa Éamann.

Níor fhreagair mé é. D'oscail mé an doras.

"Agus téann bleachtairí ar dtús le daoine a chosaint."

"Ach … um … ach … "

"Ach cad é … ?"

Lig Éamann don pheann agus don leabhar nótaí titim ar an leaba. Ag tarraingt na gcos, chuaigh sé amach romham agus lean mé é. Chuaigh muid síos an staighre go mall agus amach ar an doras cúil linn. D'amharc muid suas síos an bóthar agus chuaigh muid amach ar an gheata, coiscéim ar choiscéim.

Ghlac sé ocht mbomaite dhéag orainn dul abhaile. Dhá theach ar shiúl. An gcreidfeá é sin? Chuaigh Éamann thart ar an bhloc sa dóigh nach mbeadh orainn dul thart ar theach Aonghais de Brún.

Bhí Mamaí ar buile.

"Cá háit a raibh tú? Dúirt mé leat go raibh mé ag déanamh réidh dinnéir."

"Mo leithscéal, a Mhamaí. Bhí mé ag plé rudaí le hÉamann." Rinne mé iarracht cuma thábhachtach a chur ar rudaí. D'amharc mé thart le Sinséar a fheiceáil ach ní raibh sí ina cathaoir.

"Is dócha go raibh sibh ag caint ar an chomórtas timpeallachta?" a cheistigh sí.

Chlaon mé mo cheann. Ní bréag a bhí ann,

dáiríre. Bhí mé ag iarraidh stop a chur le Laraí T mise a athchúrsáil.

"Cá bhfuil Sinséar?"

"Ó, tá sí thart áit éigin."

Bhí mé cineál buartha. Cuireann sí fáilte romham i gcónaí. Ansin chuimhnigh mé nach bhfaca mé í ar maidin ach oiread. "An bhfaca tú thart inniu í?"

"A Shomhairle, ná bí buartha." Chuaigh Mamaí go dtí an t-oigheann, agus d'fhág sí mo dhinnéar romham, gan focal a rá. Shuigh sí ar an chathaoir in aice leis an fhuinneog, agus thosaigh a chniotáil.

Thuig mé na comharthaí sin. Bhí sí dubh dóite. Bhí Daidí ar shiúl. Níor bhain sí rud ar bith ar na scríobchártaí.

D'ith mé an dinnéar gan focal asam. Bhí na glasraí mar a bheadh rubar ann agus bhí an fheoil tirim. Ach d'ith mé liom. Ní raibh mé ag iarraidh cur isteach ar Mhamaí agus í ag amharc orm mar a bhí.

Bíonn imní uirthi nach n-ithim go leor. Shlog mé an chuid dheireanach siar agus d'ól mé an bainne. Bhí mé ar tí éirí nuair a buaileadh cnag

52

trom ar an doras tosaigh.

Bhí mé reoite san áit a raibh mé. Laraí T? Cá raibh Éamann anois, nuair a bhí sé de dhíth orm?

Lig Mamaí gnúsacht. "Cad é leis a bhfuil tú ag fanacht, a Shomhairle? Oscail an doras sula mbriseann siad síos é."

Shiúil mé síos an halla. Go hiontach fadálach. Ní raibh mé ábalta a fheiceáil cé a bhí ann go dtí gur oscail mé an doras. Is trua nach raibh seomra tosaigh le fuinneog mhór ann. Bheinn ábalta a sheiceáil cé a bhí ann. Nó dá mbeadh karate agam thiocfadh liom an doras a oscailt le cic mór. Agus an ruaig a chur ar Laraí T.

"A Shomhairle," a bhéic Mamaí, i ndiaidh cúpla cnag eile.

D'oscail mé an doras beagán agus d'amharc mé thart. Ba mhór an faoiseamh dom Aonghas de Brún a fheiceáil agus gan Laraí T leis. D'oscail mé amach an doras.

"An bhfaca tú é?" a d'fhiafraigh Aonghas. Fear beag atá ann agus bíonn a chuid gruaige i gcónaí in aimhréidh. Tá srón dhearg ramhar aige, súile géara gorma, agus gan muineál ar bith aige. Tá sé cosúil le frog mór."

Thuig mé cé faoi a raibh sé ag caint. Chroith mé mo cheann.

"A Shomhairle, cé atá ann?"

Bhrúigh Aonghas tharam agus ar aghaidh leis suas an halla, ag monabhar leis féin. Lean mé isteach sa chistin é.

"Dúirt mé go mbeinn freagrach as," arsa Aonghas go gruama. "Anois tá sé imithe. Agus ghoid sé mo dhréimire."

"Do gharmhac?" a d'fhiafraigh Mamaí.

Shuigh Aonghas isteach sa chathaoir agus chuir a cheann ina lámha. "Cé eile? Bhí trioblóid leis ón lá a rugadh é."

Bhí mo chroí i mo bhéal. B'fhéidir go raibh sé ag robáil banc eile? Seans go mbeadh dréimire de dhíth air.

Anois tiocfaidh na póilíní go Sráid Choilm. Agus bheadh an scéal sna nuachtáin: 'Scaoileadh i Sráid Choilm – Robálaí Bainc ar a Sheachaint.'

Cheana féin thig liom Sorcha Nic Pheadair agus a cuid cairde a chluinstin dár maslú faoi Shráid Choilm. Agus mise i ndiaidh amadán a dhéanamh díom féin a rá go mbainfeadh muid an comórtas. Ach amháin go dtiocfadh linn Laraí T a athchúrsáil ó dhrochdhuine go duine maith.

Thug Mamaí comhartha láimhe dom í féin agus Aonghas a fhágáil leo féin. Ach ní raibh mé ábalta bogadh. Bhí mé greamaithe san áit a raibh mé.

Amach ar an fhuinneog chonaic mé an rud is aistí i mo shaol.

Caibidil
a Seacht

Ansin, ar dhíon an tseanstáisiúin traenach, bhí cruth duine ina luí agus é ag sleamhnú go mall sa leathdhorchadas. Ag ceann amháin den díon bhí Sinséar. D'aithin mé a heireaball fada gruagach.

"Amharc," arsa mise i gcogar.

"Cad é … ?" Léim Mamaí ina seasamh agus thiontaigh thart. Thit an chniotáil.

Thóg Aonghas a cheann agus lig sé osna as.

Amach ar an doras liom ar nós na gaoithe. Abair gur scanraigh Laraí T Sinséar agus gur léim sí. Chuir mé an smaoineamh sin amach as m'intinn. Beidh sí ceart go leor. Bhí mé ag rith síos Sráid Choilm ionann is go raibh mé sna Cluichí Oilimpeacha.

"Hé," a scairt mé, agus mise ag rith ar ardán an stáisiúin thréigthe. Bhí orm a chur in iúl dó go mbíonn Sinséar fíochmhar le strainséirí. Stop Laraí T, d'amharc sé síos ar feadh soicind, agus ansin thug sé neamhaird iomlán orm. Léim mé síos ar an iarnród le radharc níos fearr a fháil. Bhí Laraí T ag dul níos cóngaraí agus níos cóngaraí do Shinséar.

Go tobann, agus í ag siosarnach, léim Sinséar ar sciathán nocht Laraí T. Soicind ina dhiaidh bhí na mionnaí móra leis. Focail nár chuala mé riamh. Líon siad an oíche. Ag an am céanna bhí Sinséar ag siosarnach agus ag caitheamh seile.

Chuir mé na lámha thar m'aghaidh. Ní raibh mé ábalta amharc. Bhí a fhios agam go raibh siad beirt ag dul a thitim den díon. Agus ar dhóigh éigin bheadh an locht uilig ormsa. D'oscail mé na méara giota beag agus fuair mé spléachadh orthu. Bhí Laraí T agus Sinséar ag gabháil dá chéile go fíochmhar. Siosarnach, liú, scréach. Sa deireadh tháinig pléasc ollmhór uathu. Ansin faic.

Bhí barraíocht eagla orm amharc. Bhí mé ag fanacht le fuaim na gcorp ag titim den díon. Ach níor tharla sé. D'oscail mé leathshúil agus thug mé spléachadh suas. Bhí an díon folamh. D'oscail mé an leathshúil eile. Ansin, ó thaobh an stáisiúin, bhí Laraí T ag teacht agus Sinséar ina ghlac aige.

Ag an am céanna, tháinig Mamaí agus Aonghas, iad ag análú mar a bheadh traenacha ann.

"Thug mé rabhadh duit roimhe . . " a bhéic Aonghas, idir análacha.

Thug Laraí T neamhaird air agus shiúil sé a fhad liomsa. "An leatsa é seo, a mhic?"

Chlaon mé mo cheann. "Cad é mar a … ?"

"Feicim rudaí. Agus shábháil tusa mo bheo." Thug sé Sinséar ar ais dom.

"Cuirfidh siad i bpríosún thú," an rud a bhí Aonghas a rá nuair a tháinig sé a fhad linn.

"Tá sé i ndiaidh mo chat a shábháil," a scairt mise. D'oscail Mamaí a béal le hinsint dom gan bheith dalba ach dhruid sí arís é. B'fhéidir nár chóir dom scairteadh ach ba chuma liom. Cad chuige a síleann gach duine gur i mbun diabhlaíochta i gcónaí a bhíonn Laraí T? Thóg mé Sinséar agus thug mé barróg di.

Thiontaigh Laraí T ar a shála agus bhí sé ar tí imeacht.

"Fan," a scairt mé. Ansin, stop mé. Hé! Cad é a bhí cearr liom? Cad chuige ar shíl mé go bhfanfadh Laraí T liom? Bomaite amháin agus bhí eagla mo chraicinn orm roimhe. Agus an chéad bhomaite eile bhí mé ag iarraidh bheith i mo chara aige. Is bocht an cás mé!

Nuair a chuala sé mé stop Laraí T.

Rith mé a fhad leis. "Níor éalaigh sí roimhe," arsa mise. "Caithfidh sé gur scanraigh an tintreach agus an toirneach aréir í."

Shiúil Laraí T taobh liom. Chuir a chorp tanaí bratach na bhfoghlaithe mara i gcuimhne dom. Shiúil muid ar aghaidh suas Sráid isteach i ndorchadas na hoíche.

"A Shomhairle, ná gabh rófhada," a scairt Mamaí.

Bhí faitíos orm. Bhí mé ag iarraidh ceist a chur air ar robáil sé banc. Ach ina ionad sin sháigh mé m'aghaidh i bhfionnadh Shinséir agus dúirt, "Dumpáladh í."

"Bhí cat agamsa, blianta ó shin," arsa Laraí T, chomh séimh sin gur beag nár chuala mé é.

"An raibh?" arsa mise.

"Bhí." Bhrúigh sé na hailt ina mhéara agus bhí gach ceann acu mar a bheadh urchar á scaoileadh ó ghunna ann. "Bhí sé go hiomlán dubh, agus súile mar a bheadh soilse cairr ann."

Tagann críoch leis an iarnród taobh amuigh de bhothán seanchaite. Níl rud ar bith taobh thiar de, seachas monarchana agus trádstórais. Stop muid de bheith ag siúl.

"Bhí sé cosúil le Sinséar ach dath eile a bhí air."

Bhuail Laraí T a dhorn isteach i lár a bhoise. "Ansin, lá amháin – plab! Leagadh é. Maol marbh. Cosúil le mo mháthair agus m'athair."

Mhothaigh mé siorradh beag gaoithe. Bhí Sinséar ag iarraidh éalú agus lig mé síos ar an talamh í. Shín sí na géaga agus amach léi i dtreo an bhaile. Bhog mé ina treo. Ní ligfidh mé di trioblóid eile a tharraingt uirthi féin. "Ar mhaith leat teacht agus an áit a gcodlaíonn Sinséar a fheiceáil?" arsa mise, an chéad rud a tháinig i m'intinn. Bhí mé ag iarraidh an comhrá a choinneáil ag dul. Ag iarraidh bheith mar chara aige.

Níor bhog Laraí T. Níor fhreagair sé mo

cheist. Bhí sé ag stánadh isteach sa dorchadas. I ndiaidh tamaill, dúirt sé, "Chífidh mé thart thú, a ghasúir."

Bhí mé idir dhá chomhairle. Ní raibh mé ag iarraidh é a fhágáil ansin leis féin i lár na hoíche, amuigh ar an uaigneas. Ach ní raibh a fhios agam cad é ba chóir dom a dhéanamh. "Chífidh," arsa mise. "Slán go fóill." Lean mé Sinséar.

Sin an t-am deireanach a bhfaca mé Laraí T, an drochdhuine.

Caibidil
a hOcht

An mhaidin lá arna mhárach, bhí Mamaí iontach tógtha. Scairt Daidí lena rá go raibh agallamh aige do phost i monarcha cruach.

"Má fhaigheann sé é, beidh orainn Sráid Choilm a fhágáil agus dul a chónaí sa cheantar sin."

Stop mé de bheith ag doirteadh bainne ar mo bhabhla gránaigh. Sráid Choilm a fhágáil? Gan siúl ar an tsráid seo arís? Gan Áine ná Éamann a fheiceáil arís?

"Is dumpa í Sráid Choilm," arsa Mamaí ag croitheadh a cinn. "Ach is é ár mbaile féin é."

Go tobann, bhí an-dúil agam i Sráid Choilm. Cad chuige ar mhaith liom imeacht? I m'intinn bhí sí lán de chaisleáin óir. Chonaic mé mé féin ag tiomáint cairr síos, ag croitheadh láimhe ar dhaoine. Níl a fhios agam cé a bhí ann ach ba chuma.

"Bhuel," arsa Mamaí go giorraisc, ag tógáil a cuid cniotála. "B'fhearr dúinn fanacht go bhfeicfimid cad é a tharlóidh."

Scéal cinnte nach mbeadh stáisiún ann san áit nua. Ná clós seancharranna. Ná páirc iomána, fiú. Ag an bhomaite sin, mhothaigh mé mar a mhothaigh Laraí T, leis féin sa dorchadas.

I ndiaidh dom mo bhricfeasta a chríochnú, thóg mé carn leabhar, agus chuaigh mé amach le suí faoin ghrian ag an doras cúil. Bhí orm deifir a dhéanamh leis an chomórtas nó bhí sé le bheith ann an deireadh seachtaine dár gcionn. Scríobh mé 'Rudaí In-athchúrsáilte' ar phíosa páipéir agus thosaigh mé ar an liosta: 'cairtchlár, nuachtáin, gloine, buidéil … ' Tháinig Sinséar chugam, bhuail sí go bog in éadan mo choise agus luigh síos uirthi.

Agus mise i lár 'cannaí líomanáide' chuala mé smaoisíl ard. Áine a bhí ann. Bhí sí ag siúl thart ar an teach le bosca mór lán d'ithir.

"Amharc." Chuir sí é faoi mo shrón.

D'amharc mé isteach ann. "Cad é atá ann?"

"An fheirm chuiteog."

"Ní fheicim cuiteog ar bith." Thosaigh mé a gháire.

Bhain sí díom é agus chuir cár uirthi. "Tá trí cinn ann."

Shíl mé go raibh sí ar tí caoineadh agus lean mé orm, go gasta, "Tá sé ar dóigh." Ar a laghad rinne Áine níos mó ná a rinne mise ná Éamann.

D'amharc sí orm go hamhrasach.

"Ar mhaith leat léamh faoi fheirmeacha cuiteog?" Chuaigh mé tríd na leabhair ón leabharlann go dtí gur tháinig mé ar an cheann a bhí uaim. Ansin an chaibidil cheart.

Shuigh Áine in aice liom, an bosca ina glac aici go fóill. Léigh sí giota beag agus ansin lig sí osna uaithi. "Níl an ceann s'agam maith go leor. Tá rudaí breise de dhíth ar m'fheirm. Ní thig leat na rudaí atá ag tarlú a fheiceáil."

I ndiaidh bomaite de dhianmhachnamh rith smaoineamh liom. "Tá sé agam. Cad é faoi phróca a úsáid? Nó bheadh plaisteach níos fearr. Ansin bheadh daoine ábalta gach rud a fheiceáil."

Rinne Áine smaoisíl chorraitheach. "Tá go leor

buidéal plaisteach ag Mamaí. Cinn mhóra."

"Hé, tá sé sin go maith. Athchúrsáil cuiteog i mbuidéil athchúrsáilte."

Tháinig aoibh phléisiúrtha ar Áine. "Thiocfadh liom go leor acu a dhéanamh."

"Deir sé anseo," arsa mise ag léamh ón leabhar, "go gcaithfidh tú féar tirim a chur ann. Agus seanghlasraí, nuachtáin, lustan agus aoileach."

"Cá háit a bhfaighidh mé na rudaí sin?"

Bhí mise ag smaoineamh ar an rud céanna. Ansin tháinig Éamann chugainn. Bhí spéaclaí dubha air, agus bhí a chuid gruaige faoi bhréagfholt déanta de pháipéar airgid. Anuraidh, bhí páirt an aingil ag Éamann i ndráma na scoile. Ní raibh go leor cailíní ar fáil mar bhí slaghdán ar chuid acu. Sin an áit a bhfuair sé an bréagfholt.

Chuaigh Éamann a fhad le Sinséar. Léim sí agus rinne siosarnach.

Stán mé ar Éamann. "Bí cúramach."

Bhain sé na spéaclaí dubha de agus dúirt go gasta, "Gach rud i gceart," agus chuir sé na spéaclaí arís air.

"Tá aoileach de dhíth orainn," arsa mise. Is

65

dócha gur chóir dom a rá le hÉamann nach raibh a chuid seirbhísí bleachtaireachta de dhíth orm a thuilleadh ach níor mhaith liom insint dó faoi Laraí T an oíche roimhe. Ag an bhomaite sin bhí an comórtas níos tábhachtaí.

"Agus féar tirim," arsa Áine.

Shuigh Éamann ar charn de leabhair ón leabharlann. Shuigh Sinséar ag an taobh eile den seomra agus thosaigh á glanadh féin.

"Cad é sin?" arsa Éamann, ag amharc isteach i mbosca Áine.

"Cuiteoga … "

"Éistigí," arsa mise, "ba chóir dúinn tosú."

Ach sula raibh muid ábalta tús a chur le rudaí tháinig Mamaí amach ar an doras cúil. "A Shomhairle, tá do sheomra ina chíor thuathail. Cuir dóigh air roimh dhul go lár na cathrach." D'amharc sí ar Éamann agus chuaigh isteach arís.

Chaith mé an peann luaidhe agus an páipéar uaim. Cad é mar a thiocfadh liom cuidiú leo anois?

A leithéid de chrá croí. D'imigh mé isteach sa teach. "Bhuel, cad chuige a bhfuil sibh ag fanacht?" a scairt mé le hÁine agus le hÉamann. "Imígí agus faighigí a thuilleadh cuiteog."

Ní raibh lár na cathrach ró-olc, go dtí gur tharla eachtra an tsicín thinn.

Nuair a stop Mamaí le cúpla scríobchárta a cheannach, rith mé isteach i siopa gairdín agus d'fhiafraigh mé d'fhear an tsiopa an raibh féar tirim ar bith aige. Bhí mé ag dul a mhíniú dó faoin fheirm chuiteog ach bhí a fhios agam nach dtuigfeadh sé. Dúirt mé leis go raibh sicín tinn agam. Bhí an fear iontach deas. Ní raibh féar tirim aige ach dúirt sé go raibh min sáibh aige. Ní raibh barúil agam an raibh dúil ag cuiteoga i min sáibh. Ach ghlac mé liom í, cibé.

Nuair a chuir fear an tsiopa ceist orm faoi cad é a bhí cearr leis an sicín, chum mé scéal mór fada faoin dóigh ar chaill sé na cleití. Agus sin an fáth a raibh an féar tirim de dhíth, lena choinneáil te. Bhí mé i lár an scéil agus cé a tháinig isteach sa siopa ach Bean Mhic Aoidh!

Rinne sí gáire nuair a chonaic sí mise. Bhog sí anonn chugam.

"A Shomhairle," a scairt sí, cé go raibh sí go díreach os mo chomhair. "An bhfuil tú ag bailiú stuif don athchúrsáil?" Tá guth iontach ard ag Bean Mhic Aoidh.

Bhí fear an tsiopa ag tabhairt dhá mhála lán

de mhin sáibh dom. "Seo duit. Tá súil agam go mbeidh biseach ar do shicín."

"Á … á … go raibh maith agat."

"Sicín?" a scairt Bean Mhic Aoidh. "Tá sicín agat, a Shomhairle, an bhfuil?"

Thóg mé na málaí, chlaon mé mo cheann go dtí gur mhothaigh mé cosúil le puipéad. Am imeachta. Cad chuige ar chum mé scéal faoi shicín? Ní maith le Bean Mhic Aoidh bréaga. Cad chuige nár choinnigh mé leis an scéal faoin fheirm chuiteog?

Bhí aoibh ar fhear an tsiopa. "Sin buachaill deas. Fuair sé sicín ar thaobh an bhealaigh gan ach beagán cleití air. Cá mhéad páiste a dhéanfadh a leithéid?"

Chrom Bean Mhic Aoidh go dtí go raibh a haghaidh go díreach os mo chomhair. "A Shomhairle?"

"Tá sé iontach tinn," arsa mise leis an urlár. Amach an doras liom sula dtiocfadh léi ceist ar bith eile a chur orm. Agus bhuail mé le Mamaí díreach taobh amuigh.

"Bhí mé do do chuardach gach áit."

"Mo leithscéal."

"Nach í sin Bean Mhic Aoidh?" Chuir Mamaí a ceann isteach ar an doras agus chroith lámh uirthi.

"A Mhamaí," a chaoin mé, "imímis."

"Cad é an deifir? Shíl mé go raibh dúil agat i mBean Mhic Aoidh."

"Tá," arsa mise i monabhar agus mé leath bealaigh thart an coirnéal. "Ach ní anois."

Níos moille an tráthnóna sin, bhí mise agus Áine gnóthach sa chlubtheach, ag déanamh dul chun cinn lenár bpleananna don chomórtas timpeallachta. Éamann mall, mar is gnách. Is dócha gur ghlac sé an bealach fada le Laraí T a sheachaint.

"An bhfuil sé seo ceart go leor, a Shomhairle?"

Thóg Áine comharthaí ar a raibh na lipéid: cairtchlár, páipéar, buidéil, nuachtáin, prócaí, cairpéad, agus éadaí.

"Cad é faoi channaí?"

I ndiaidh di comhartha a scríobh do na cannaí, rinne sí gáire. "Cad é faoi chomhartha a chur in airde ag clós seancharranna de Búrca?"

"Há há," arsa mise. Bheadh sé ar buile. Ach bheadh sé déanta sula mbeadh a fhios aige.

Rinne Áine comhartha iontach mór do charranna athchúrsáilte. Bhí sí á chríochnú nuair a bhuail Éamann isteach. Níor bhac sé lena chnag rúnda, fiú.

"Tomhaisigí cad é atá ar bun," ar sé ag tarraingt anála.

"Cad é?"

"Tá sé ag teacht."

Tháinig dath bán ar aghaidh Áine. "Laraí T?"

"Ní hé. Tá seisean imithe." Tharraing sé a anáil. "M'uncail."

Fuair mé greim ar sciathán Éamainn. "Cad é atá i gceist le 'tá sé imithe'?" Bhí fearg orm. Shíl mé go raibh dúil ag Laraí T ionam agus i Sinséar. Bhí na deora beagnach liom. Ba léir nach raibh dúil ar bith aige ionam.

Bhrúigh sé mo lámh. "Hé! Shíl mé go mbeadh áthas ortsa."

Lig mé dá sciathán. "Ar ndóigh," arsa mise ag tiontú uaidh.

"An t-uncail atá ina phíolóta?" arsa Áine.

"Is é." Bhí loinnir ar aghaidh Éamainn leis an dea-scéala.

Lean Áine agus Éamann ag caint faoi. Bhí siad corraithe. Ach ní raibh mise. Bhí mé ag smaoineamh ar Laraí T agus an dóigh ar imigh sé isteach sa dorchadas leis féin.

Caibidil a Naoi

Go tobann, bhí maidin an chomórtais ann. An Satharn, seachtain níos moille. Ach tharla go leor idir an dá lá. An rud is mó go bhfuair m'athair post i monarcha agus gur bhain Mamaí céad euro le scríobchárta.

Bhí mé iontach gnóthach an chuid is mó den tseachtain, ag bailiú boscaí do na rudaí athchúrsáilte, agus ag scríobh fógraí le cur in iúl do dhaoine faoin rud a bhí muid a dhéanamh. Ansin, rinne Bean Mhic an Bheatha iad a fhótachóipeáil dom. Rinne sí comhghairdeas liom agus dúirt gur tionscadal iontach maith a bhí ann.

I ndiaidh na scoile an lá sin, thug mise agus Éamann amach fógraí do na trádstórais agus do na monarchana a bhí in aice linn. Níor thaitin sé le hÉamann, ar dtús, ach i ndiaidh tamaill bhí sé maith go leor.

Thug muid iad do dhaoine in oifigí éagsúla. Shíl gach duine gur smaoineamh maith a bhí ann. D'fhiafraigh duine amháin an raibh bosca againn do nuachtáin agus d'irisí. Dúirt mé go raibh, cé nach raibh. Shocraigh mé ceann a fháil go gasta.

Ansin, chuir muid na boscaí móra agus na fógraí taobh amuigh de na tithe ar fud Shráid Choilm. Bhí Éamann i mbun na haimsire. Dá mbeadh fearthainn ann bhí sé le hiad uilig a thabhairt isteach. Bhí Áine gnóthach ag bailiú seanphíosaí glasraí agus duilleoga donna don fheirm chuiteog. "Díolfaidh mé iad chomh maith le hiad a chur ar taispeáint," ar sise liomsa.

Bhí éad orm. Tá Áine iontach cliste. "Déanfaidh tú fortún," arsa mise agus díomá orm nach mise a smaoinigh ar rud chomh hiontach sin.

Rinne Áine gáire liom. "Is do na piongainí atá an t-airgead."

Ní raibh a fhios ag duine ar bith go raibh mise agus Mamaí le himeacht ó Shráid Choilm, go fóill. Gheall Mamaí nach ndéarfadh sí le duine ar bith go dtí go raibh an comórtas thart.

An tseachtain ar fad, ní raibh ach aon fhadhb amháin ann. Sin nuair a d'fhiafraigh Áine de Bhean Mhic Aoidh cá háit a dtiocfadh léi aoileach a fháil.

Tháinig meangadh gáire ar a haghaidh. "A Shomhairle," a scairt sí amach, "cad é faoi do shicín. Ba mhaith le hÁine cuid den aoileach."

Go dtí sin, rinne mé dearmad faoin bhréag mhór. Mhothaigh mé an t-urlár ag oscailt agus mé á shlogadh isteach. Bhí mé i dtrioblóid anois. An páiste deireanach a d'inis bréag i rang Bhean Mhic Aoidh bhí air leathanach iomlán a scríobh faoi cad chuige a ndúirt sé í. Ansin bhuail smaoineamh uafásach mé. Ní chaithfeadh sí mé amach as an chomórtas, an gcaithfeadh? Nó níos measa, Sráid Choilm a chaitheamh amach!

Lig mé orm nár chuala mé í agus mé ag iarraidh smaoineamh ar fhreagra.

"A Shomhairle?"

Bhí a fhios agam go raibh Áine agus Éamann ag amharc orm go haisteach, ach ar a laghad, ní dúirt siad a dhath.

"Fuair sé bás," arsa mise i monabhar.

"Muise," arsa Bean Mhic Aoidh. "Nach trua é sin."

"Is trua," arsa mise de chogar.

Ag am sosa, thosaigh Áine agus Éamann a thabhairt amach dom.

"Ní dúirt tú linn go raibh sicín agat."

"An don chomórtas a bhí sé?"

Chlaon mé mo cheann. Shíl mé gur fearr dul ar aghaidh leis an bhréag in ionad an fhírinne a insint. Bheadh rudaí róchasta.

Bhí Bean Mhic Aoidh agus na moltóirí eile le teacht chuig Sráid Choilm ar leath i ndiaidh a deich. Múinteoir ó scoil eile duine acu agus dúirt Bean Mhic Aoidh gur 'glasach' a bhí ann, cibé ciall atá leis sin. Níor mhínigh sí agus níor thug mé aird uirthi. Rud éigin faoi bheith 'glas' leis an domhan, sílim. An duine eile, Nóilín Ní Dhuibh, is bean í a scríobhann faoi ghairdíní bláthanna agus glasraí don nuachtán. Tá a fhios agam sin nó is minic Mamaí ag rá "Cad é a déarfadh Nóilín?" nuair a bhíonn sí ag fás glasraí sa ghairdín cúil.

D'amharc mé síos Sráid Choilm. Bhí cuma

mhaith uirthi. Bhí an chuid is mó de na boscaí ag cur thar maoil. Bhí na daoine ó na monarchana agus na trádstórais ag dumpáil rudaí iontu le seachtain anuas. Maidin dheas the a bhí ann agus bhí an ghrian ag soilsiú ar na tithe. Bhí Mamaí ina suí ag an doras tosaigh ag cniotáil. Sa deireadh chinn sí gur geansaí di féin a bheadh ann.

Tháinig Éamann de rith síos an tsráid.

"Tá siad ag teacht," ar sé. An post a bhí aige bheith ag faire óna sheomra leapa.

"Cá bhfuil Áine? Ba chóir go mbeadh sí anseo."

"Níl a fhios agam."

"Ceart go leor," a d'ordaigh mise. "An bhfuil an fhliúit réidh agat?"

"An gcaithfidh mé?" ar sé ag gearán.

"Ar mhaith leat na piongainí a fheiceáil?"

Chlaon Éamann a cheann.

Leis sin, tháinig Áine. Bhí sí gléasta mar chuiteog, ó mhullach go sáil agus seanstocaí thar a sciatháin. Thar a ceann bhí dhá stoca dhonna ceangailte le chéile. Agus dhá pholl bheaga do na súile.

"Tá sé sin ar dóigh," arsa mise.

"Ar dóigh ar fad," arsa Éamann agus a bhéal ar leathadh.

Ansin smaoinigh mé ar na moltóirí ag teacht. "Déanaimis deifir."

Thóg mé an fógra agus rith mé go dtí an áit a dtosaíonn an tsráid. Dúirt an fógra:

Fáilte
Go Sráid Choilm,
Ionad Athchúrsála

Bhí na cannaí a cheangail mé do na ráillí ag
cleatráil. Bhí na bratacha páipéir ar foluain. Thóg
Éamann an fhliúit agus sheas in aice leis an
bhosca poist.

Tháinig na moltóirí i gcarr Bhean Mhic Aoidh
agus tháinig siad a fhad linn. Bhí leabhair nótaí
agus pinn acu.

I ndiaidh d'Éamann *Lá Breithe Sona Duit* a
sheinm ar an fhliúit, bhí tost ann go dtí gur
thosaigh Bean Mhic Aoidh a dhéanamh bualadh

bos. Ní lá breithe duine ar bith a bhí ann ach sin an píosa ceoil is fearr ag Éamann. Lean an bheirt mholtóirí eile leis an bhualadh bos agus ansin bhog siad ar aghaidh.

Ghlac siad tamall fada. D'amharc siad ar gach rud, ag déanamh nótaí, agus sheas siad thart ag caint i gcogar. Chuir siad ceist ar Mhamaí, fiú, an raibh sise mar chuid den taispeántas. Agus í ag cur cúl leis an ngháire dúirt sí go raibh sí ag cniotáil olann athchúrsáilte.

Tamall ina dhiaidh sin dúirt Mamaí gur iarr duine de na moltóirí uirthi rud éigin a chniotáil di. Ba dhoiligh do Mhamaí gan bheith ag gáire.

Faoina haon déag, bhí roinnt daoine ó na monarchana agus ó na trádstórais ina seasamh thart ag amharc ar rudaí. Bhí Sráid Choilm ag líonadh. Ansin, tubaiste! Go díreach nuair a bhí na moltóirí ag dul i dtreo na gcannaí athchúrsáilte, tháinig Anraí de Búrca amach, de rith. A leithéid d'ádh. Ní fhaca muid é le cúpla lá. Rith mé a fhad leis.

"Cad é faoin spéir atá ag tarlú?" a cheistigh sé. Thug mé coiscéim ar gcúl. Ba chóir dó an boladh bréan óna bhéal a athchúrsáil. Mhínigh mé an scéal dó.

"Hmmf!" Scríob sé a fhéasóg.

"Tá Nóilín Ní Dhuibh anseo ón nuachtán," a d'inis mé dó. Bhí mé ag súil nach ndéanfadh sé rud ar bith as bealach ar eagla go mbeadh sé sa nuacht.

Leath na súile aige. "Dáiríre."

Bhí meán lae ann sular imigh na moltóirí. Bhí siad leathuair an chloig mall do Shráid Shorcha Nic Pheadair.

Tháinig an tUasal de Búrca chugainn ag tabhairt buíochais dúinn. De ghnáth, bíonn sé ag tabhairt amach dúinn. Dúirt sé go raibh duine de na moltóirí ag iarraidh an sean-otharcharr a cheannach. D'amharc mise, Áine agus Éamann air agus iontas orainn. Bhí mé ag iarraidh a rá nach dtig leis a cheannach cionn is gur clubtheach s'againne atá ann. Ansin chuimhnigh mé go raibh mé ag imeacht cibé. Bhí an tUasal de Búrca gnóthach ag insint do Mhamaí go raibh an moltóir sin ag dul a cheannach píosa talaimh, an t-otharcharr a dheisiú agus dul a chónaí ann agus saol 'glas' a bheith aige.

"Ó, rinne mé dearmad, a Anraí," arsa Mamaí. "Beidh ort duine éigin eile a fháil leis na cuntais a dhéanamh." Ansin dúirt sí leis faoi imeacht ó Shráid Choilm.

D'amharc Áine orm ar feadh soicind, agus thosaigh sí a chaoineadh. Ansin, d'imigh sí ina rith.

Dúirt Éamann go brónach, "Ní fheicfidh tú m'uncail, mar sin." Lean sé Áine.

Níos moille, tháinig Mamaí isteach i mo sheomra leapa. Bhí mé i mo luí ar an leaba ag stánadh ar an tsíleáil, ag smaoineamh ar rudaí. Níor thuig mé cad chuige ar mhothaigh mé go holc faoi bheith ag imeacht ó Shráid Choilm. Tamall beag ó shin ní raibh dúil ar bith agam inti.

Shuigh Mamaí ar cholbha na leapa. "Mo leithscéal as meancóg a dhéanamh níos luaithe. Ní raibh mé ag iarraidh an rún a scaoileadh."

Luigh mé ar mo thaobh ag amharc amach ar an fhuinneog. "Tá sé ceart go leor," arsa mise.

Mhothaigh mé slán sábháilte i mo sheomra leapa. Chonaic mé an ghrian ag soilsiú ar an chairpéad ghorm agus bhí na cuirtíní ar crochadh thar an scoilt san fhuinneog. D'amharc mé ar an spéir agus ar bharr an stáisiúin traenach.

Labhair Mamaí arís agus tháinig mé ar ais go dtí an fíorshaol. "Luaigh Bean Mhic Aoidh rud éigin faoi shicín. Agus go raibh brón uirthi go bhfuair sé bás."

Luigh mé ar mo dhroim agus aoibh an gháire orm.

Chroith Mamaí a ceann, "Níl a fhios agam cá háit faoin spéir a bhfuair sí a leithéid de smaoineamh."

Iarfhocal

Bhí na piongainí go hiontach. I ndiaidh do Bhean Mhic Aoidh a fhógairt os comhair na scoile gur bhain Sráid Choilm an comórtas timpeallachta dúirt Sorcha Nic Pheadair nach raibh sí ag dul a labhairt liom arís. Dúirt mise léi gur ríchuma liom.

Scríobh Nóilín Ní Dhuibh alt mór fúinn sa nuachtán. Faoi Shráid Choilm agus athchúrsáil agus faoi Áine agus an fheirm chuiteog. Agus ghlac siad grianghraif dínn ag an zú ag amharc ar na piongainí.

Cheannaigh Mamaí sé chóip déag den nuachtán agus chuir sí chuig na gaolta é. Agus gheall sí go dtiocfadh le hÉamann agus le hÁine fanacht againn le linn na saoire. Dúirt Éamann go dtabharfadh a uncail suas san eitleán iad. Agus thug Áine ceann de na feirmeacha cuiteog dom.

Nuair a tháinig mé abhaile ón zú thug Mamaí beart dom. Ní raibh stampa air. Nuair a d'oscail mé é thit bóna nua dubh a raibh cloigín beag air amach. Tháinig cling ón chloigín nuair a thóg mé é.

Laraí T, is dócha. Ní chaillfidh mé Sinséar arís.

Nuair a chuir Mamaí ceist orm cé a thug dom é ní dúirt mise ach, "Cara."

FOCAL ÓN ÚDAR

Tá Sráid Choilm cosúil le mo shráid féin nuair a bhí mé óg. Bhí na tithe sean agus caite. Agus bhí na páistí mar a bhí na páistí i Sráid Choilm.

Ní raibh mórán airgid againn agus bhí orainn teacht leis an bheagán a bhí againn. Thosaigh muid club spiaireachta agus chaith muid uaireanta an chloig ar chúl

crann ag iarraidh teacht ar rud ar bith aisteach. Ach ní fhaca muid rud ar bith!

Ach rinne muid rudaí nua, bhí ceolchoirmeacha againn agus bhí gach sórt cluiche againn.

Bhí dóigh mhaith ag mo mháthair le hairgead a choigilt. Bhainfeadh sí úsáid as olann i seangheansaí le geansaí nua a chniotáil. Agus na héadaí a bhí againn fuair muid ó na páistí is sine sa teaghlach iad.

Nuair a smaoiním air is cinnte go bhfuil Sráid Choilm déanta de phíosaí beaga díom féin. Na páistí, easpa rudaí deasa, ag teacht lena raibh agat, agus, ar ndóigh, an tsráid féin. Ar bhealach, thiocfadh leat a rá gur athchúrsáil mé na rudaí seo uilig le scéal Shráid Choilm a scríobh.

ELIZABETH PULFORD

FOCAL ÓN MHAISITHEOIR

7á an athchúrsáil eagraithe go maith i mo theach féin. Gach rud is féidir a athchúrsáil téann sé isteach i mbosca mór. Ag deireadh gach míosa, nuair a bhíonn an bosca lán, sórtálann an teaghlach na rudaí istigh ann lena n-athchúrsáil.

Bíonn scléip mhór ann nó déanann ár n-iníon, Tessa,

páirt an réiteora idir mise agus mo pháirtí, Kim. Abair go dtógaim buidéal gloine agus mise ag amharc ar an bhosca do na buidéil phlaisteacha díríonn sí chuig bosca na mbuidéal gloine mé.

Mothaím faoi bhrón nuair a fheicim an oiread bruscair a chaithimid ar shiúl, agus fios againn go nglacfaidh sé na blianta briseadh síos.

Tá mé ag maisiú leabhair pháistí ó bhí 1992 ann agus is cúis bhróid liom gurb é seo an dara húrscéal a mhaisigh mé d'Elizabeth Pulford. Deir carachtair agus scéalta Elizabeth linn go gcaithfimid rud sa bhreis a dhéanamh má táimid leis an timpeallacht a chosaint. Ach is fiú go mór aire a thabhairt don timpeallacht.

BRENT PUTZE

Elizabeth Pulford a scríobh
Brente Putze a mhaisigh
Frances Bacon a chuir an bunleagan in eagar
Nicola Evans a dhear.

An leagan Gaeilge: 2010
An tÁisaonad, Coláiste Ollscoile Naomh Muire, 191 Bóthar na bhFál, Béal Feirste
BT12 6FE
© An tÁisaonad
Foireann an tionscadail: Pól Mac Fheilimidh, Jacqueline de Brún, Ciarán Ó
Pronntaigh.
Seán Fennell, Máire Nic Giolla Cheara, Risteard Mac Daibhéid, Andrea Nic
Uiginn, Stiofán de Bhailís, Aingeal Ní Shabhaois agus Julie Ní Ghallchóir.

Arna fhoilsiú ag McGraw-Hill
Arna chlóbhualadh ag Colorcraft
ISBN: 978-0-077120-63-4